LE MEX

André BELLECOURT F

AERONAUTICS
(HQ : Chicago)

Joop van DREEMA NL

BANKS
(HQ : Luxemburg)

Dwight E. COCHRANE US

CENTRAL SURVEY &
ADMINISTRATION
(HQ : New York)

OIL
(HQ : Caracas)

Robert B. COTTON US

MINING &
METALLURGY
(HQ : Stockholm)

Leonard SCOTT SA

SUPERMARKETS
& DEPT STORES
(HQ : Düsseldorf)

Georg WALLENSTEIN FRG

CONSOLIDATED OPERATING STATEMENTS
in US$ mill.

Revenues	43,882.8
Operating Costs *	36,179.4
Operating Margin	7,703.4
Overhead	4,761.0
Int. & Fin. Charges	512.1
Net Earnings **	2,429.3

* including depreciation
** before income taxes

CONSOLIDATED BALANCE SHEETS
in US$ mill.

ASSETS	
Fixed Assets	12.147.3
Cash Equivalent	989.5
Receivables	5.792.5
Inventories	6.014.0
Other	117.7
	25.061.0

LIABILITIES	
Accounts Payable	3.207.6
Short Term Debt	1.778.5
Long Term Debt	3.004.1
Stockholders Equity	
- Capital Stock	4.212.0
- Retained Earnings	12.858.8
	25.061.0

BO
LAR
27-09-91
12.95/AP

LE GROUPE W

PHILIPPE FRANCQ • JEAN VAN HAMME

Les scénarios de la série *Largo Winch*
sont librement adaptés des romans du même auteur
publiés aux Editions du Mercure de France.

Dépôt légal : septembre 1991   D.1991/0089/92
ISBN 2-8001-1832-6   ISSN 0777-1843
© 1991 by Van Hamme, Francq and Editions Dupuis.
Tous droits réservés.
Imprimé en Belgique.

DIX MILLIARDS DE DOLLARS, LARGO...

EN BILLETS DE DIX BIEN TASSÉS, À RAISON DE MILLE DOLLARS AU CENTIMÈTRE, ÇA TE FERAIT UNE PILE DE 100 KMS DE HAUTEUR. 263 FOIS L'EMPIRE STATE BUILDING, TRÈS EXACTEMENT. MAIS TU SAIS TOUT CELA DEPUIS LONGTEMPS, LARGO.

ECRIT DANS UN BILAN, PAR CONTRE, ÇA NE PREND QUE TROIS CENTIMÈTRES. 10.000.000.000 LE BILAN DE QUOI, LARGO? SI TU EFFACES LE 1, IL NE RESTE QUE DES ZÉROS. DIX ZÉROS.

DIX MILLIARDS. DIX ZÉROS. DIX MORTS. DIX BOUTS DE PAPIER...

TU N'AS JAMAIS EU ENVIE DE PLEURER, LARGO?

CETTE MAUDITE CREVASSE...

3

ELLE NOUS A DÉJÀ TUÉ PLUS DE CHEVREUILS QUE TOUS LES BRACONNIERS DE LA RÉGION.

QU'EST-CE QU'ON VA EN FAIRE, ONCLE ERNST ? LE MANGER ?

ÇA FERAIT BEAUCOUP POUR NOUS TROIS, TU NE PENSES PAS ? NOUS LE DONNERONS AU CURÉ POUR LA FÊTE DE LA PAROISSE DIMANCHE PROCHAIN. ROULE LA CORDE ET PRENDS LE FUSIL, LARGO.

NOUS FERIONS BIEN DE NOUS DÉPÊCHER, SINON HANNAH VA ENCORE NOUS REPROCHER D'ÊTRE EN RETARD POUR LE DÉJEUNER.

ET CET APRÈS-MIDI, JE POURRAI ALLER PÊCHER AVEC HANS ET WOLFGANG ?

À CONDITION QUE VOUS N'ALLIEZ PAS VOLER LES PRUNES DE FRAU TEMERSON COMME L'AUTRE FOIS.

BOF, ELLE EN A TELLEMENT, DES PRUNES.

CE N'EST PAS UNE RAISON. D'AUTANT PLUS QUE NOUS AVONS PLEIN DE PRUNES À LA MAISON.

JE SAIS. MAIS C'EST PLUS MARRANT DE LES CHIPER CHEZ FRAU TEMERSON.

REGARDE, UNE VOITURE.

C'EST UNE BENTLEY T. J'EN AI VU UNE DANS UN CATALOGUE CHEZ WOLFGANG. C'EST QUI, TU CROIS?

QUELQU'UN QUE J'AURAIS PRÉFÉRÉ VOIR VENIR ICI LE PLUS TARD POSSIBLE, MON BONHOMME.

MAIS CE PLUS TARD A FINI PAR ARRIVER. ÇA VA ÊTRE DUR POUR NOUS. POUR HANNAH, SURTOUT.

?

TANTE HANNAH! TANTE HANNAH! ON A TROUVÉ UN CHEVREUIL QUI...

POURQUOI TU AS PRÉPARÉ MES AFFAIRES, TANTE HANNAH? C'EST QUI, CE MONSIEUR?

C'EST ...

OH, MON CHÉRI... MON CHÉRI...

C'EST TON PÈRE, LARGO.

BONJOUR, MON GARÇON.

M. SULLIVAN A INSISTÉ POUR VOUS VOIR AVANT LA RÉUNION. IL A UN CERTAIN M. QUAYLE DANS SON BUREAU. PUIS-JE LES FAIRE VENIR ?

TOUS LES PRÉSIDENTS SONT ARRIVÉS, M. WINCH.

INUTILE, PENNY, JE RÉUSSIRAI BIEN À ME TRAÎNER JUSQU'À L'AUTRE BOUT DU COULOIR.

AHEM... COMME VOUS VOUDREZ, MONSIEUR. MAIS AVANT QUE VOUS NE PARTIEZ...

J'AI ICI PLUSIEURS INVITATIONS OFFICIELLES : LE GOUVERNEUR DE L'ÉTAT, LES FILLES DE LA RÉVOLUTION, L'AMERICAN LEGION, LE PRÉSIDENT DE LA...

STOP! RÉPONDEZ À TOUS CES BRAVES GENS QUE J'AI D'AUTRES ENGAGEMENTS. RIEN D'AUTRE, PENNY ?

SI, MONSIEUR.

J'APPRÉCIERAIS INFINIMENT... AHEM... QUE VOUS M'APPELIEZ PAR MON PATRONYME ET NON PAR CE DIMINUTIF... AHEM... INCONVENANT. VOTRE PÈRE, QUE DIEU AIT SON ÂME, NE SE SERAIT JAMAIS PERMIS CE GENRE DE... AHEM... FAMILIARITÉ.

D'ACCORD, MISS PENNYWINKLE, JE VOUS PROMETS D'ESSAYER DE M'EN SOUVENIR.

MAIS JE CRAINS FORT DE N'AVOIR QUE TRÈS PEU DE POINTS COMMUNS AVEC CE SI CHARMANT GENTLEMAN QU'ÉTAIT NERIO WINCH. À TOUT À L'HEURE, PENNY.

?

BONJOUR, M. WINCH.

5

7

DITES DONC, MESDEMOISELLES, C'EST DU COURRIER QUI M'EST ADRESSÉ, ÇA! OÙ ALLEZ-VOUS AVEC TOUTES CES LETTRES?

LES BRÛLER DANS L'INCINÉRA-TEUR, COMME D'HABITUDE.

ORDRE DE MISS PENNYWINKLE.

ON EN REÇOIT PLUS DE CINQ MILLE PAR JOUR. DEPUIS VOTRE ARRIVÉE, ÇA N'ARRÊTE PLUS.

LES DINGUES, LES OBSÉDÉS, LES MALADES, LES DROGUÉS, LES NYMPHOS, LES ILLUMINÉS, LES INVENTEURS FOUS, LES FILLES-MÈRES, LES VIEILLARDS GÂTEUX, LES NÉO-EXTRÉMISTES, LES HIPPIES DÉBRANCHÉS, LES NOUVEAUX MESSIES, LES ANCIENNES PUTES, LES FUTURS GÉNIES, IL Y EN A POUR TOUS LES GOÛTS.

"ORDURE CAPITALISTE! IGNOBLE VAMPIRE! CHACUN DE TES DOLLARS EST UNE GOUTTE DE SANG ARRACHÉE À LA MISÈRE DE CEUX QUI SE TUENT AU TRAVAIL POUR AUGMENTER TON TAS DE SALE FRIC PUANT"...

LE STYLE NE MANQUE PAS DE VIGUEUR. IL Y EN A BEAUCOUP COMME ÇA?

PAS MAL. MAIS IL Y EN A D'AUTRES NETTEMENT PLUS MARRANTES. TENEZ... "LARGO CHÉRI, JE M'APPELLE JEANNIE ET J'AI VU TA PHOTO DANS LE JOURNAL. TU ES SI BEAU QUE J'AI FOLLEMENT ENVIE DE TE SU..."

MISS APFELMOND!

M. WINCH NE VOUS PAIE PAS POUR QUE VOUS LUI DÉBITIEZ CES HORREURS. QUANT À VOUS, M. WINCH, JE ME PERMETS DE VOUS RAPPELER QUE M. SULLIVAN VOUS ATTEND.

ENTREZ, LARGO. IL NOUS RESTE UN PEU DE TEMPS AVANT LE BIG BOARD*. VOUS VOUS SOUVENEZ DE ROBINSON QUAYLE? JE L'AVAIS CHARGÉ D'ENQUÊTER SUR CE QUI VOUS ÉTAIT ARRIVÉ EN TURQUIE**

COMMENT ALLEZ-VOUS, M. QUAYLE?

* GRAND CONSEIL. LA RÉUNION DE TOUS LES PRÉSIDENTS DU GROUPE W.
** VOIR L'ÉPISODE: "L'HÉRITIER".

8

JE SUPPOSE QUE VOUS RENTREZ D'ISTAMBUL ?

CE MATIN MÊME, VIA ROME ET LA SUISSE. CONNAISSEZ-VOUS CET INDIVIDU, M. WINCH ?

NON. QUI EST-CE ?

ATTENDEZ. VOICI UNE PHOTO DU MÊME HOMME PRISE QUELQUES HEURES PLUS TARD À LA MORGUE. MAIS SANS POSTICHES.

CE CHER VIEUX BEN. BENNY POUR LES DAMES...

HARRY HENKE DE SON VRAI NOM. FICHÉ PAR LE F.B.I. COMME TUEUR À GAGES.

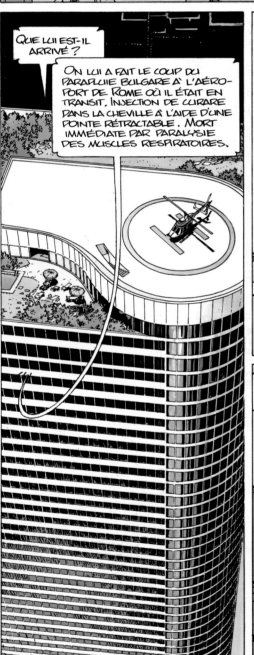

QUE LUI EST-IL ARRIVÉ ?

ON LUI A FAIT LE COUP DU PARAPLUIE BULGARE À L'AÉROPORT DE ROME OÙ IL ÉTAIT EN TRANSIT. INJECTION DE CURARE DANS LA CHEVILLE À L'AIDE D'UNE POINTE RÉTRACTABLE. MORT IMMÉDIATE PAR PARALYSIE DES MUSCLES RESPIRATOIRES.

IL S'AGIT DONC BIEN DE L'HOMME QUI VOUS A FAIT PORTER LE CHAPEAU POUR LE MEURTRE DE CE VIEUX BROCANTEUR À ISTAMBUL. SON ÉLIMINATION PROUVE DEUX CHOSES. IL Y A EFFECTIVEMENT EU TENTATIVE DE MACHINATION CONTRE VOUS. ET CEUX QUI L'ONT OURDIE NE RECULERONT DEVANT RIEN POUR EMPÊCHER QUE L'ON REMONTE JUSQU'À EUX.

ET DANS QUEL BUT, CETTE MACHINATION ?

LE **COMMENT**, NOUS L'IGNORONS ENCORE, M. WINCH. MAIS LE **POURQUOI** ME PARAÎT ÉVIDENT.

L'ARGENT ?

L'ARGENT **VOTRE** ARGENT, M. WINCH.

LE MONDE ENTIER SAIT AUJOURD'HUI QUE VOUS REPRÉSENTEZ LE PLUS FABULEUX PAQUET DE POGNON QU'AIT JAMAIS OSÉ IMAGINER LE RÊVEUR LE PLUS FOU. ALORS CROYEZ-EN UN VIEUX PROFESSIONNEL DU SORDIDE, MON GARÇON : VOS PROBLÈMES, VOS **VRAIS** PROBLÈMES, NE FONT QUE COMMENCER.

VOS PRÉOCCUPATIONS ME TOUCHENT BEAUCOUP, M. QUAYLE. QU'AVEZ-VOUS DÉCOUVERT D'AUTRE ?

RIEN. BLACK OUT COMPLET. OFFICIELLEMENT, L'ASSASSINAT DE LA FILLE DE NOTRE ATTACHÉ NAVAL DANS LA RÉSIDENCE DU CONSUL BRITANNIQUE À ISTAMBUL* EST LE FAIT DE VOYOUS NON-IDENTIFIÉS. LES AUTORITÉS TURQUES SE SONT CONFONDUES EN REGRETS DÉSOLÉS ET ONT ENVOYÉ UNE COURONNE À L'ENTERREMENT.

*TOUJOURS DANS "L'HÉRITIER"

TOUJOURS OFFICIELLEMENT, IL N'Y A AUCUNE RELATION ENTRE CE MEURTRE ET L'ATTENTAT TERRORISTE DONT LE CHEF DE LA POLICE LOCALE, LE GÉNÉRAL KARANDAYI, A ÉTÉ VICTIME À L'AÉROPORT DE TARGIZ. LE GÉNÉRAL, SOIT DIT EN PASSANT, EST DÉCÉDÉ DES SUITES DE SES BLESSURES.

SON MINISTRE DE TUTELLE EST ACTUELLEMENT EN CURE DE SOMMEIL PROLONGÉ. SURMENAGE, PARAÎT-IL. QUANT AU POLICIER QUI VOUS AVAIT ARRÊTÉ, LE COMMISSAIRE BELILER, IL A ÉTÉ TRANSFÉRÉ À LA FRONTIÈRE SYRIENNE DANS UN SECTEUR INTERDIT AUX ÉTRANGERS. BIEN ENTENDU, VOTRE NOM N'APPARAÎT NULLE PART.

EN CLAIR, IL SEMBLERAIT QUE LE GÉNÉRAL ET SON MINISTRE AIENT VOULU ÉTOUFFER À LEUR MANIÈRE VOTRE INCARCÉRATION À SELIMIYE. VOTRE ÉVASION LES AYANT PRIS PAR SURPRISE, ILS ONT RÉAGI, DISONS, PRIMITIVEMENT. MAIS JE NE PENSE PAS QUE CETTE AFFAIRE SOIT LIÉE À LA MACHINATION DONT VOUS AVEZ FAIT L'OBJET.

LA MORT DE NERIO L'EST, PAR CONTRE. SI J'EN CROIS LES SOUPÇONS DONT JOHN M'A FAIT PART QUANT À LA MANIÈRE DONT IL S'EST... SUICIDÉ.

C'EST POSSIBLE, EN EFFET, QUOIQUE... COMPTE TENU DU DÉCALAGE HORAIRE, NERIO N'EST MORT QUE QUELQUES HEURES À PEINE AVANT VOTRE ARRESTATION. ET ISTAMBUL EST À 10.000 KM DE NEW YORK.

RESTE LA QUESTION DE VOTRE AMI SIMON...

JE VOUS DEMANDE PARDON ?

UNE SIMPLE ENQUÊTE DE ROUTINE, M. WINCH. À LA DEMANDE DE SULLIVAN.

BON SANG, JOHN ! DE QUEL DROIT !?...

IL FAUDRA VOUS Y FAIRE, LARGO. VOUS ME PAYEZ POUR VEILLER À LA BONNE MARCHE DU GROUPE ET VOUS **ÊTES** LE GROUPE.

SIMON OVRONNAZ EST UN VOLEUR, M. WINCH. UN VOLEUR PROFESSIONNEL FICHÉ PAR PLUSIEURS POLICES EUROPÉENNES.

FIGUREZ-VOUS QUE L'ENDROIT OÙ J'AI RENCONTRÉ SIMON N'AVAIT QUE PEU DE RAPPORT AVEC UNE RÉUNION DU ROTARY, M. QUAYLE. J'AJOUTERAI QU'IL M'A SAUVÉ LA VIE.

ÇA, C'EST VOTRE PROBLÈME, M. WINCH. MOI, JE ME BORNE À SUIVRE LES INSTRUCTIONS QU'ON ME DONNE.

OVRONNAZ, SIMON. 26 ANS. CITOYEN SUISSE. NÉ DANS UN PETIT VILLAGE DU VALAIS, DE MARIE OVRONNAZ, FERMIÈRE CÉLIBATAIRE, ET DE PÈRE INCONNU. D'APRÈS MES RENSEIGNEMENTS RECUEILLIS SUR PLACE, IL S'AGIRAIT D'UN GITAN D'ORIGINE ESPAGNOLE QUI A TRAVAILLÉ QUELQUES MOIS DANS LA FERME AVANT DE PRENDRE LE LARGE EN EMPORTANT LE MAIGRE MAGOT DE LA BRAVE DAME EN ÉCHANGE DE CE "SOUVENIR HÉRÉDITAIRE".

RENVOYÉ DE PLUSIEURS ÉCOLES PRIMAIRES. QUITTE LA FERME MATERNELLE À DOUZE ANS ET VIT D'EXPÉDIENTS À TRAVERS DIVERS PAYS D'EUROPE. EST CEPENDANT RESTÉ TRÈS ATTACHÉ À SA MÈRE, À QUI IL ENVOIE RÉGULIÈREMENT ...

ASSEZ!

JE SAIS DÉJÀ TOUT CELA, M. QUAYLE. SIMON ME L'A RACONTÉ.

OUI, BIEN SÛR. CE QUI POURRAIT VOUS INTÉRESSER, C'EST QUE MADAME OVRONNAZ A QUITTÉ SA FERME DEPUIS PLUSIEURS ...

JE VOUS REMERCIE, M. QUAYLE. ET JE NE VEUX PLUS D'ENQUÊTE SUR SIMON OVRONNAZ. NI SUR PERSONNE D'AUTRE DE MON ENTOURAGE SANS MON ACCORD FORMEL. C'EST CLAIR?

C'EST VOUS QUI PAYEZ, M. WINCH. À BIENTÔT, SULLIVAN.

Paul Klee

DÉSOLÉ POUR VOTRE FAUTEUIL, JOHN. MAIS VOUS N'AURIEZ PAS DÛ.

JE...JE PENSAIS BIEN FAIRE, LARGO. JE LE PENSE TOUJOURS, D'AILLEURS. VOUS ÊTES TRÈS JEUNE, TROP IMPULSIF ET ... COMMENT DIRE ?...

9

INEXPÉRIMENTÉ, C'EST ÇA!

11

À DEUX MAINS, MAINTENANT. ET ESSAIE DE GARDER LES YEUX OUVERTS, DANITZA.

TRÈS BIEN. LE DERNIER COUP, MAINTENANT. LE PLUS DIFFICILE.

ROULEMENT DE TAMBOUR ET... ?!?

ESPÈCE DE PETIT SALOPARD !

TU VEUX ME LA TUER, C'EST ÇA !? PETIT FUMIER ! CRAPULE ! SALE PETITE ORDURE !

PAPA NON !

C'EST POUR UN NUMÉRO, PAPA ! C'EST STEVAN QUI LUI A APPRIS. LARGO NE RATE JAMAIS SON COUP, JE T'ASSURE !

ET LE JOUR OÙ IL LE RATERA, HEIN !? QU'EST-CE QUI SE PASSERA, CE JOUR-LÀ ? JE T'INTERDIS DE RECOMMENCER ÇA, TU M'ENTENDS ?!

QUANT À CELUI-LÀ, J'AURAIS MIEUX FAIT DE LE LAISSER CREVER DE FAIM DANS LE FOSSÉ OÙ JE L'AI RAMASSÉ. RETOURNE T'OCCUPER DES ANIMAUX, PETIT CONNARD ! C'EST POUR ÇA QUE JE TE NOURRIS, PAS POUR FAIRE DES "NUMÉROS" AVEC MA FILLE !

MESSIEURS, POUR CEUX D'ENTRE VOUS QUI NE LE CONNAISSENT PAS ENCORE, JE VOUS PRÉSENTE M. LARGO WINCH, HÉRITIER DE NERIO WINCH ET ACTIONNAIRE MAJORITAIRE DES 562 SOCIÉTÉS MÈRES DE NOTRE GROUPE.

10

ET POURQUOI ES-TU VENU EN YOUGOSLAVIE ?

PARCE QUE JE VOULAIS CONNAÎTRE LE PAYS OÙ JE SUIS NÉ ET APPRENDRE LA LANGUE. MA MÈRE AVAIT LE MÊME PRÉNOM QUE TOI, DANITZA.

LES AMORTISSEMENTS DE NOS BUDGETS DE RECHERCHE, QUI AVAIENT ÉTÉ DÉCIDÉS LORS DES BEAUX JOURS DE LA NASA, GRÈVENT ENCORE LOURDEMENT LES RÉSULTATS DE MA DIVISION AÉRO-NAUTIQUE, M. WINCH. MAIS LES PERSPECTIVES DE NOTRE NOUVELLE GAMME D'AVIONS D'AFFAIRES À LONG RAYON D'ACTION SONT EXTRÊMEMENT ENCOURAGEANTES.

DIS, LARGO...

OUI ?

VELIKI CIRKUS PETROVIĆ

TU AS DÉJÀ EMBRASSÉ UNE FILLE ? EMBRASSÉ VRAIMENT, JE VEUX DIRE ?

LARGO, VIENS AVEC MOI. J'AI UNE COURSE À FAIRE EN VILLE ET J'AI BESOIN DE TOI POUR M'AIDER.

D'ACCORD.

SGRRIIII

C'EST ICI. DESCENDS.

?!?!

14

VOUS PAS RÉSISTER, MONSIEUR. S'IL VOUS PLAÎT.

SALE TRAÎTRE! JUDAS! VENDU! TU ME PAIERAS ÇA UN JOUR!

LE VENDU, C'EST TOI, PETIT CON. DE QUOI TE PLAINS-TU? TU VAS RETOURNER CHEZ LES RICHES: IL Y A DES MILLIONS DE GOSSES QUI VOU-DRAIENT ÊTRE À TA PLACE!

LA WINCHAIR DISPOSE ACTUELLEMENT D'UN PARC DE 42 APPAREILS, DONT 7 GROS PORTEURS, ET COUVRE RAISONNABLEMENT LE CONTINENT NORD-AMÉRICAIN, AINSI QUE QUELQUES DESTINATIONS D'AMÉRIQUE CENTRALE. LÀ OÙ NOUS DEVONS INVESTIR, C'EST DANS LE DÉVELOPPEMENT DE NOUVELLES LIGNES À DESTINATION DE L'EUROPE ET DE L'EXTRÊME-ORIENT.

JE T'AURAIS RETROUVÉ OÙ QUE TU AIES PU TE CACHER, MON GARÇON. TU AURAIS DÛ LE SAVOIR.

JE NE VEUX PAS RETOURNER AU COLLÈGE, MONSIEUR. NI DANS CELUI-LÀ, NI DANS AUCUN AUTRE EN ANGLETERRE OU AILLEURS.

JE CROIS QUE TU N'AS PAS ENCORE TRÈS BIEN SAISI TA SITUATION, MON GARÇON. EN ROUTE, VIRGIL.

TU NE T'APPARTIENS PAS, LARGO. TU APPARTIENS À L'AVENIR QUE J'AI TRACÉ POUR TOI.

JE VOUS REMERCIE, MESSIEURS

13

AU COURS DES PROCHAINS JOURS, JE VERRAI PLUS EN DÉTAIL AVEC CHACUN D'ENTRE VOUS LA SITUATION DE SA DIVISION ET DES SOCIÉTÉS QUI LA COMPOSENT.

DEVONS-NOUS COMPRENDRE QUE VOUS COMPTEZ EFFECTIVEMENT DIRIGER LE GROUPE ?

QUE VOULEZ-VOUS DIRE EXACTEMENT, M. BUZETTI ?

CE QUE MES CHERS COLLÈGUES PENSENT TOUT BAS, M. WINCH. VOUS ÊTES JEUNE, PLUTÔT BEAU GOSSE, CÉLIBATAIRE, RICHE À MOURIR ET, DEPUIS PEU, CÉLÈBRE.

POURQUOI NE PAS PROFITER DE L'EXISTENCE EN NOUS LAISSANT LE SOIN DE GÉRER VOS AFFAIRES ? APRÈS TOUT, VOUS PAYEZ DWIGHT COCHRANE ET SON ADMINISTRATION POUR SURVEILLER NOTRE GESTION. ET SULLIVAN POUR COORDONNER L'EXÉCUTIF. À VOUS LA BELLE VIE, MON GARÇON !

UNE SUGGESTION TRÈS GÉNÉREUSE, M. BUZETTI. ET, J'EN SUIS SÛR, TOUT À FAIT DÉSINTÉRESSÉE DE VOTRE PART. J'AIME BEAUCOUP L'EXPRESSION "RICHE À MOURIR", SOIT DIT EN PASSANT. RIEN D'AUTRE ?

SI.

IL S'AGIT DE... HUM... DE VOS DROITS DE SUCCESSION.

JE NE VOIS PAS EN QUOI CELA VOUS CONCERNE, M. WALLENSTEIN.

VOUS CRAIGNEZ QUE JE NE DOIVE VENDRE UNE PARTIE DES SOCIÉTÉS DU GROUPE POUR ACQUITTER CES DROITS, C'EST ÇA ? RASSUREZ-VOUS, MESSIEURS : IL N'Y AURA PAS DE DROITS DE SUCCESSION POUR LA SIMPLE RAISON QUE JE N'HÉRITE D'**AUCUNE** PART DU GROUPE W.

CELA NOUS CONCERNE INDIRECTEMENT, M. WINCH. VOUS ÊTES DEVENU CITOYEN AMÉRICAIN ET LES PARTS DANS LE GROUPE DONT VOUS HÉRITEZ SONT NOMINATIVES. DONC, MÊME EN NE TENANT COMPTE QUE DE LEUR VALEUR DE BILAN, VOUS ALLEZ DEVOIR PAYER À L'I.R.S.* ENVIRON UN MILLIARD ET DEMI DE DOLLARS EN DROITS DE SUCCESSION. OÙ ALLEZ-VOUS TROUVER CET ARGENT ?

* INTERNAL REVENUE SERVICE. LE FISC AMÉRICAIN.

14

16

VOUS PENSEZ BIEN QUE NERIO NE SE SERAIT PAS ÉCHINÉ À ASSURER LA PÉRENNITÉ DE SON GROUPE EN M'ADOPTANT SI C'ÉTAIT POUR VOIR SON UNITÉ MENACÉE PAR UN PROBLÈME DE CE GENRE. IL A DONC TRANSFÉRÉ LA TOTALITÉ DE SES PARTS DANS UNE SOCIÉTÉ DE HOLDING ÉTABLIE AU LIECHTENSTEIN: **LA ZUKUNFT ANSTALT.** UN NOM CHOISI À DESSEIN PUISQUE "ZUKUNFT" VEUT DIRE "FUTUR" EN ALLEMAND.

EN VIEUX DROIT GERMANIQUE, COMME CERTAINS D'ENTRE VOUS LE SAVENT, UNE ANSTALT ÉTAIT UNE SOCIÉTÉ À PATENTE. C'EST-À-DIRE L'AUTORISATION D'EXERCER UNE ACTIVITÉ QUELCONQUE CONTRE LE PAIEMENT D'UNE DÎME ANNUELLE FIXE AU SOUVERAIN DE L'ÉTAT. CE SYSTÈME MOYENÂGEUX A ÉVIDEMMENT DISPARU AUJOURD'HUI. SAUF DANS LA PRINCIPAUTÉ DU LIECHTENSTEIN.

L'ACTIONNARIAT DU GROUPE N'A DONC PAS ÉTÉ MODIFIÉ PAR LA MORT DE NERIO. TOUT CE DONT J'HÉRITE SONT LES PARTS DE FONDATEUR D'UNE PETITE SOCIÉTÉ ÉTABLIE DANS UN PAYS QUI IGNORE SUPERBEMENT LES DROITS DE SUCCESSION. ET TANT PIS POUR LE TRÉSOR AMÉRICAIN.

ET QU'EST-CE QUI NOUS PROUVE QUE **VOUS** ÊTES BIEN CET HÉRITIER, M. WINCH?

JE ME DEMANDAIS QUAND VOUS ALLIEZ VOUS DÉCIDER À INTERVENIR, COTTON. VOUS NE M'AIMEZ PAS BEAUCOUP, N'EST-CE PAS?

MONSIEUR COTTON, JE VOUS PRIE. ET VOUS NE RÉPONDEZ PAS À MA QUESTION.

VOUS SORTEZ DU NÉANT, VOUS NOUS PARLEZ D'UN SOI-DISANT HOLDING DONT VOUS AVEZ SOI-DISANT HÉRITÉ, ET VOUS ESPÉREZ NOUS VOIR AVALER TOUT ÇA LE PETIT DOIGT SUR LA COUTURE DU PANTALON? JE FAIS COMME AU POKER, M. WINCH: JE DEMANDE À VOIR.

UN INSTANT, COTTON. POUR CEUX QUI LE DÉSIRENT, JE TIENS À LEUR DISPOSITION LES DOCUMENTS OFFICIELS PROUVANT L'ADOPTION DE LARGO PAR NERIO WINCH. J'AI EN OUTRE UNE LETTRE AUTHENTIFIÉE DE NERIO DÉSIGNANT SON FILS LARGO COMME SON LÉGATAIRE UNIVERSEL.

JE NE VOUDRAIS PAS QUE CES MESSIEURS SE POSENT TROP LONGTEMPS DES QUESTIONS À MON SUJET. DISONS DANS UNE HEURE? LE TEMPS DE PRÉVENIR MON PILOTE ET NOUS DÉCOLLONS.

QUANT À LA ZUKUNFT ANSTALT, JE SUGGÈRE QUE M. COCHRANE, EN TANT QU'ADMINISTRATEUR DU GROUPE, FASSE UN SAUT AVEC MOI AU LIECHTENSTEIN AFIN DE VÉRIFIER SUR PLACE L'EXISTENCE ET LE BIEN-FONDÉ DE CETTE SOCIÉTÉ. LE PLUS RAPIDEMENT POSSIBLE.

HEU... OUI, BIEN SÛR... QU'APPELEZ-VOUS LE PLUS RAPIDEMENT POSSIBLE?

ET PENDANT QUE COCHRANE EXAMINERA LES COMPTES DE LA Z.A., JE N'AURAI PLUS QU'À ALLER RÉCUPÉRER LES PARTS DE FONDATEUR LÀ OÙ NERIO LES A CACHÉES. CE NE SERA PAS TROP LOURD À TRANSPORTER, IL N'Y EN A QUE DIX.

DIX PARTS!

VOUS VOULEZ DIRE QUE VOTRE HOLDING, TOUTE LA FORTUNE DE NERIO WINCH, EST REPRÉSENTÉE EN TOUT ET POUR TOUT PAR SEULEMENT **DIX PARTS!?**

POURQUOI PAS? ÉTANT HÉRITIER UNIQUE, J'AURAIS PU ME CONTENTER D'UNE SEULE.

CELA SUFFIRA-T-IL À APAISER VOS INQUIÉTUDES, M. COTTON?

VOUS NE VOUS EN TIREREZ PAS AUSSI FACILEMENT, M. WINCH. OU WINCZLAV, OU QUEL QUE SOIT VOTRE NOM.

VOUS N'ÊTES QU'UN ENFANT ADOPTÉ, DE FILIATION INCONNUE. ET NERIO ÉTAIT UN HOMME MALADE, FATIGUÉ. AVEC DE BONS AVOCATS, NOUS POURRIONS FAIRE TRAÎNER VOTRE SUCCESSION, PENDANT DES ANNÉES.

"NOUS", M. COTTON?

TOUS CEUX AUTOUR DE CETTE TABLE QUI, COMME MOI, NE TIENNENT PAS À VOIR UN GAMIN SORTI ON NE SAIT D'OÙ NOUS DICTER LA MANIÈRE DE DIRIGER NOS AFFAIRES. J'AJOUTERAI QU'EN TANT QUE PRÉSIDENTS DES SOCIÉTÉS DU GROUPE, NOUS POUVONS LÉGALEMENT BLOQUER LE PAIEMENT DES DIVIDENDES PENDANT TOUTE LA DURÉE DE LA PROCÉDURE. ET VOUS VOUS RETROUVEREZ SANS UN SOU.

CETTE FOIS COTTON, VOUS DÉPASSEZ LES BORNES! JE VOUS INTERDIS...

LAISSEZ, JOHN. NERIO AVAIT PRÉVU CETTE ÉVENTUALITÉ. IL SAVAIT À QUEL GENRE D'HOMMES J'AURAIS AFFAIRE.

LES PARTS DE LA Z.A. COMPORTENT UNE FORMULE LÉGALISÉE D'ENDOSSEMENT SIGNÉE DE LA MAIN DE NERIO. AVEC LE NOM DU BÉNÉFICIAIRE LAISSÉ EN BLANC POUR ÉVITER LE RISQUE D'INVALIDATION. IL ME SUFFIRA DONC D'Y ÉCRIRE MON NOM POUR ÊTRE DE PLEIN DROIT LE PROPRIÉTAIRE DU GROUPE W SANS PLUS DE CONTESTATION POSSIBLE.

UN ENDOSSEMENT EN BLANC?! MAIS C'EST HORRIBLEMENT DANGEREUX, ÇA. N'IMPORTE QUI POURRAIT...

EXACT, M. BELLECOURT. N'IMPORTE QUI POURRAIT. À CONDITION DE SAVOIR **OÙ** SE TROUVENT CES PARTS.

J'AI D'AILLEURS TOUT LIEU DE CROIRE QUE L'UN D'ENTRE VOUS S'EST DÉJÀ POSÉ CETTE QUESTION. UN D'ENTRE VOUS QUI N'EST PAS ÉTRANGER À LA MORT DE NERIO, NI À CERTAINS INCIDENTS QUI ME SONT ARRIVÉS RÉCEMMENT EN TURQUIE. UN D'ENTRE VOUS QUI EST PRÊT À TOUT POUR S'EMPARER DU GROUPE W.

VOILÀ UNE ACCUSATION BIEN DIRECTE, MON CHER. DIRECTE ET FORT GRAVE.

JE N'ACCUSE PERSONNE EN PARTICULIER, M. DUNDEE. POUR LA SIMPLE RAISON QUE J'IGNORE ENCORE **QUI** ACCUSER.

J'AVERTIS SEULEMENT MON ADVERSAIRE INCONNU QU'IL NE LUI RESTE PLUS BEAUCOUP DE TEMPS POUR METTRE LA PHASE FINALE DE SON PLAN À EXÉCUTION. DANS MOINS DE 48 H. JE SERAI EN POSSESSION DES PARTS DE LA ZUKUNFT ANSTALT. ET JE CROIS ÊTRE LA SEULE PERSONNE AU MONDE À EN CONNAÎTRE LA CACHETTE.

SI VOUS VOULEZ FAIRE LA COURSE, M. COTTON, IL EST GRAND TEMPS D'ALLER VOUS METTRE DANS LES STARTING-BLOCKS.

MESSIEURS, JE VOUS DONNE RENDEZ-VOUS ICI MÊME DANS TROIS JOURS POUR RÉGLER DÉFINITIVEMENT LA QUESTION DE MA LÉGITIMITÉ.

AH, UN DERNIER DÉTAIL, M. COTTON...

TCHAK

RÉFLEXION FAITE, JE NE VOUS AIME PAS NON PLUS.

POUR VOTRE VOYAGE, M.WINCH, J'AI JUSTEMENT UN BOEING DISPONIBLE À LA GUARDIA* ET...

JE VOUS REMERCIE, M.CARDIGNAC, MAIS JE PRÉFÈRE PRENDRE MON MONGLI JET. MOINS RAPIDE MAIS PLUS DISCRET.

M.WINCH...

* UN DES AÉROPORTS DE NEW YORK.

M.WINCH, JE NE PEUX PAS PARTIR AINSI SANS UN MINIMUM DE PRÉ-PARATIFS. EN OUTRE, J'AI UNE SÉRIE DE RENDEZ-VOUS IMPORTANTS QUI...

DANS QUEL CAMP ÊTES-VOUS, M.COCHRANE ?

JE VOUS DEMANDE PARDON ?

VOUS AVEZ TRÈS BIEN ENTENDU MA QUESTION, M.COCHRANE. ET VOUS EN AVEZ ÉGALEMENT COMPRIS LE SENS. JE VEUX VOTRE RÉPONSE **MAINTENANT.**

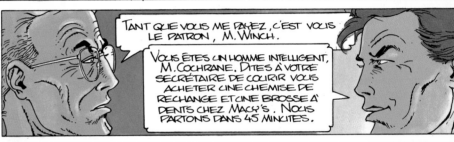

TANT QUE VOUS ME PAYEZ, C'EST VOUS LE PATRON, M.WINCH.

VOUS ÊTES UN HOMME INTELLIGENT, M.COCHRANE. DITES À VOTRE SECRÉTAIRE DE COURIR VOUS ACHETER UNE CHEMISE DE RECHANGE ET UNE BROSSE À DENTS CHEZ MACY'S. NOUS PARTONS DANS 45 MINUTES.

VOUS AVEZ PRÉVENU L'HÉLICO ?

OUI, MONSIEUR. AINSI QUE VOS GARDES DU CORPS QUI...

PAS DE GARDES DU CORPS CETTE FOIS-CI, PENNY. TANT PIS POUR L'ULCÈRE DE SULLIVAN.

UNE DERNIÈRE CHOSE...VOUS SERIEZ GENTILLE D'ALLER RÉCUPÉRER UN COUTEAU QUE J'AI OUBLIÉ DANS LE DOSSIER D'UN FAUTEUIL PENDANT LE BIG BOARD. À DANS TROIS JOURS, PENNY.

UN ... AHEM ... UN COUTEAU, MONSIEUR ?

?

19

21

MISS APPELMOND, QUELLE BONNE SURPRISE ! BIEN ENTENDU, VOUS SAVEZ QUE VOUS ÊTES DANS MON ASCENSEUR PRIVÉ ?

HEU... OUI... JE ...JE VOULAIS SEULEMENT ...

L'ENNUI, C'EST QU'IL FAUT UNE CLÉ SPÉCIALE POUR LE MANOEUVRER. MAIS VOUS SAVIEZ CELA AUSSI, JE SUPPOSE ?

... SEULEMENT VOUS MONTRER...

QUELQUES-UNES DE CES LETTRES SI AMUSANTES QUE M'ENVOIENT MES ADMIRATRICES ANONYMES ? QUELLE EXCELLENTE IDÉE, VOUS NOUS LES LIREZ PENDANT LE VOYAGE.

LE VOY...!?...

FIN DE LA SÉANCE DE BRONZAGE, SIMON. DÉPART DANS 45 MINUTES.

COMME PRÉVU ?

COMME PRÉVU.

?

OCCUPE-TOI DE MISS APPELMOND PENDANT QUE JE ME CHANGE. JE VIENS DE LA NOMMER HÔTESSE INTÉRIMAIRE POUR LE PROCHAIN VOL NEW YORK - VADUZ.

ÉCOUTEZ, M. WINCH, JE NE VOU-DRAIS PAS... SI JE VOUS DÉRANGE ...

MAIS VOUS NE NOUS DÉRANGEZ PAS DU TOUT, MON ENFANT. C'EST QUOI VOTRE PETIT NOM ?

HEU... MARILYN. COMME ... COMME ...

COMME L'AUTRE, D'ACCORD. MARILYN APPELMOND. VOUS DEVRIEZ PRENDRE UN PSEUDONYME, MA VIEILLE.

OUI ?

WINCH EST SUR LE POINT DE PARTIR AU LIECHTENSTEIN. LE SUISSE SERA AVEC LUI. DÉBROUILLEZ-VOUS POUR Y ÊTRE AVANT EUX.

PAR LA ROUTE, ÇA DEVRAIT ALLER. ON APPLIQUE TOUJOURS LE PLAN PRÉVU?

OUI. JE SERAI MOI-MÊME À ZÜRICH POUR L'AVANT-DERNIER ACTE. MAIS MÉFIEZ-VOUS: WINCH SE DOUTE DE QUELQUE CHOSE ET CE N'EST PAS UN ENFANT DE CHŒUR.

ET MOI, J'AI L'AIR DE QUOI, À VOTRE AVIS? D'UN TÉMOIN DE JÉHOVAH?

JE... JE N'AI PAS ENCORE TRÈS BIEN COMPRIS OÙ NOUS ALLONS, M.WINCH. C'EST QUOI ÇA LE LI-TCHI-SHTIN? UN RESTAURANT CHINOIS?

EH BEN, SI MES COPINES ME VOYAIENT...

EN EUROPE?!? VOUS VOULEZ DIRE DE... ...DE L'AUTRE CÔTÉ DE L'OCÉAN?!? MAIS JE NE... JE N'AI MÊME PAS MON... ET QUI VA NOURRIR MON CHAT?...

C'EST L'INCONVÉNIENT DE PRENDRE UN ASCENSEUR QU'ON NE CONNAÎT PAS, MISS APPELMOND: ON NE SAIT JAMAIS JUSQU'OÙ IL PEUT VOUS EMMENER.

23

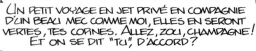

UN PETIT VOYAGE EN JET PRIVÉ EN COMPAGNIE D'UN BEAU MEC COMME MOI, ELLES EN SERONT VERTES, TES COPINES. ALLEZ, ZOU, CHAMPAGNE! ET ON SE DIT "TU", D'ACCORD?

DU VRAI CHAMPAGNE!? WAOW, J'EN AI ENCORE JAMAIS BU! ÇA NE VA PAS ME SAOULER, AU MOINS?

PAN

ÇA? PENSES-TU! C'EST COMME DU "COKE", SAUF QUE ÇA A MEILLEUR GOÛT. C'EST QUOI, CES LETTRES DONT TU ME PARLAIS?

HÉ!? QU'EST-CE QUE C'EST QUE ÇA?

ON DIRAIT UN TÉLÉPHONE. DÉCROCHE, ON VERRA BIEN.

BZZZ BZZZ...

MISS APFELMOND?!?

POURRIEZ-VOUS M'EXPLIQUER CE QUE VOUS FAITES LÀ... LÀ HAUT!?

JE... MISS PENNYWINKLE... JE NE SAIS PAS... C'EST M. WINCH QUI... JE... JE N'AI PAS ENCORE TRÈS BIEN COMPRIS...

C'EST... C'EST POUR VOUS, M. WINCH. UNE COMMUNICATION DE LONDRES.

MERCI, MISS APFELMOND. TOUT VA BIEN, À L'ARRIÈRE? VOS PASSAGERS SONT CONTENTS?

IL PARAÎT QUE TU ES EN ROUTE POUR L'EUROPE. J'ESPÈRE QUE TU PASSES PAR LONDRES?

PAS CETTE FOIS-CI, CHARITY. DÉSOLÉ.

JE COMPRENDS QU'AVEC TOUTES LES FEMMES QUI DOIVENT SE SUICIDER SOUS TES FENÊTRES, TU N'AIES PLUS BEAUCOUP DE TEMPS À ME CONSACRER. J'AURAIS MIEUX FAIT DE RESTER À NEW YORK. ESPÈCE DE SALAUD, TU ME MANQUES.

ÉCOUTE, JE TE PROMETS QUE...

TU ME MANQUES, MAIS TU PEUX ALLER TE FAIRE FOUTRE!

KLIK

CHACUN SES PETITS PROBLÈMES, ON DIRAIT ?

ÉCRASE, TU VEUX ? SI TU AS BESOIN DE MOI, TU M'APPELLES, O.K ?

NOUS SERONS À ZÜRICH VERS 11H, HEURE LOCALE. VOUS VOULEZ UN PEU DE CHAMPAGNE ?

HÉ, LARG', ÉCOUTE CELLE-CI...

JAMAIS D'ALCOOL, MERCI. MAIS JE PRENDRAIS VOLONTIERS UNE EAU MINÉRALE.

C'EST UNE RESPECTABLE MÈRE DE FAMILLE DU NEBRASKA QUI PROPOSE LE PUCELAGE DE SES FILLES JUMELLES POUR DIX MILLE TICKETS. UNE AFFAIRE, PARAÎT-IL. ET IL Y A MÊME UNE PHOTO. DES FILLES, PAS DE LA MÈRE. TU VEUX VOIR ?

PAS POUR L'INSTANT. VOUS ALLEZ CONTINUER LA LECTURE DE MON COURRIER DU CŒUR À L'ARRIÈRE, D'ACCORD ? MOI, J'AI DU BOULOT.

HÉ HO, T'ES PAS DRÔLE.

Y A ENCORE... HIPS... DU CHAMPAGNE ?

DÉTENDEZ-VOUS DONC, COCHRANE. ON DIRAIT QUE CE VOYAGE NE VOUS FAIT PAS PLAISIR.

OH, AU CONTRAIRE, M.WINCH, JE SUIS POSITIVEMENT RAVI.

VOUS M'EMBARQUEZ SANS PRÉAVIS DANS UN AVION PILOTÉ PAR UNE ESPÈCE DE HIPPIE AU FACIÈS DE TUEUR ET JE ME RETROUVE EN COMPAGNIE D'UN REPRIS DE JUSTICE EN TRAIN DE LIRE À VOIX HAUTE DES LETTRES PORNOGRAPHIQUES À UNE DE NOS EMPLOYÉES À MOITIÉ IVRE. NON VRAIMENT, M.WINCH, TOUT VA POUR LE MIEUX.

HI HIIII ... NON, ARRÊTE, PAS LÀ, TU ME CHATOUILLES...

RELAX, M. L'ADMINISTRATEUR. DANS 48H AU PLUS, VOUS AUREZ RETROUVÉ VOS CHERS ORDINATEURS. ET PUISQUE NOS SORTS SONT DÉSORMAIS LIÉS, APPELEZ-MOI DONC LARGO.

JE PENSE QUE POUR L'INSTANT, JE M'EN TIENDRAI AU MONSIEUR, M. WINCH. SI VOUS N'Y VOYEZ PAS D'INCONVÉNIENT.

23

25

VOUS ME PARLEZ DE 48 H., MAIS J'IGNORE COMBIEN DE TEMPS IL ME FAUDRA POUR EXAMINER LES DONNÉES DE VOTRE SOCIÉTÉ.

CE SERA VITE FAIT, M. COCHRANE. CONTRAIREMENT À LA PLUPART DES ANSTALTS, QUI NE SONT QUE DES BOÎTES AUX LETTRES, LA ZUKUNFT POSSÈDE SUR PLACE UN HOMME DE CONFIANCE QUI S'EST OCCUPÉ DEPUIS LE DÉBUT DE LA TENUE DES COMPTES DU HOLDING. ERNST GLEIBER EST PRÉVENU DE NOTRE ARRIVÉE ET TIENDRA À VOTRE DISPOSITION TOUS LES DOCUMENTS NÉCESSAIRES.

DANS CE CAS, ÉVIDEMMENT. VOUS LE CONNAISSEZ BIEN, CE GLEIBER ?

OUI. C'EST LUI ET SA FEMME HANNAH QUI M'ONT ÉLEVÉ QUAND J'ÉTAIS ENFANT.

BON ANNIVERSAIRE, MA CHÉRIE.

BRAVO, HANNAH !

BON ANNIVERSAIRE

HEUREUX ANNIVERSAIRE, HANNAH !

CINQUANTE ANS... JE SUIS UNE VIEILLE FEMME, À PRÉSENT.

NE DIS PAS DE BÊTISES, TU ES LA PLUS JOLIE FILLE DE LA VALLÉE. SOUFFLE TES BOUGIES ET TES ANNÉES S'ENVOLERONT.

24

26

OH, LARGO MON CHÉRI, JE SUIS SI HEUREUSE... SI HEUREUSE...

TU PENSES BIEN QUE JE N'ALLAIS PAS MANQUER TON ANNIVERSAIRE, TANTE HANNAH.

TU NE T'ES PAS ENCORE ENFUI DE TON COLLÈGE AU MOINS?

RASSURE-TOI, ONCLE ERNST. CETTE FOIS, JE SUIS SORTI PAR LA GRANDE PORTE, MON DIPLÔME SOUS LE BRAS. MAIS JE CROIS QU'ILS ÉTAIENT ASSEZ HEUREUX DE SE DÉBARRASSER DE MOI.

ALORS, L'ANGLICHE, ON NE DIT PLUS BONJOUR AUX COPAINS?

HANS! WOLFGANG! SACRÉS VOLEURS DE PRUNES! QU'EST-CE QUE VOUS DEVENEZ?

BOF, RIEN DE SPÉCIAL. L'ÉCOLE TECHNIQUE À BÂLE EN SEPTEMBRE.

LARGO...

À PROPOS DE PRUNES, TU SAIS QUE LA VIEILLE FRAU TEMERSON EST MORTE L'ANNÉE DERNIÈRE?

CHRISTEL! JE NE T'AVAIS PAS RECONNUE. TU AS... HEU... CHANGÉ.

TOI AUSSI TU AS CHANGÉ.

TU M'INVITES À DANSER?

BEAUCOUP PLUS.

QUEL ÂGE AS-TU À PRÉSENT?

DIX-SEPT.

ET MOI DIX-HUIT. TU FAIS PLUS QUE TON ÂGE, TU SAIS...

IL Y A LONGTEMPS QUE J'AVAIS IMAGINÉ CETTE NUIT AVEC TOI, LARGO. POUR TOI, C'ÉTAIT... LA PREMIÈRE FOIS ?

OUI.

TANT MIEUX. COMME ÇA, JE SUIS SÛRE QUE TU NE M'OUBLIERAS JAMAIS.

ON SE REVERRA PENDANT L'ÉTÉ ?

NON. JE SUIS FIANCÉE, TU SAIS. EN SEPTEMBRE, J'ÉPOUSE UN INGÉNIEUR DE VADUZ. CONFORT ET SÉCURITÉ GARANTIS. ET TOI, TU PARTIRAS POUR TON UNIVERSITÉ EN ALLEMAGNE.

JE PRÉFÈRE GARDER LE SOUVENIR DE CETTE NUIT COMME CELUI D'UNE FLEUR QUI NE SE FANERA JAMAIS. ADIEU, LARGO WINCZLAV.

TIENS, TIENS... LE COQ QUI RENTRE À L'HEURE OÙ LES POULES ONT DÉJÀ PONDU. TU AS PASSÉ UNE BONNE NUIT, FISTON ?

EN ANGLETERRE, ON M'A APPRIS QU'UN GENTLEMAN DOIT ÉVITER DE POSER CERTAINES QUESTIONS, ONCLE ERNST.

DIEU FOUDROIE LES ANGLAIS ! JE SUIS CONTENT QUE TU SOIS VENU, LARGO.

ET MOI DONC ! DEUX MOIS DE VACANCES ICI, ÇA FAIT DES SIÈCLES QUE J'ATTENDAIS ÇA.

MOUAIS... HANNAH NE LE SAIT PAS ENCORE, MAIS TON SÉJOUR CHEZ NOUS SERA PLUS COURT QUE ÇA, FISTON.

26

LE FACTEUR VIENT DE ME L'APPORTER. "IL "T'ATTEND À TRIESTE. DANS CINQ JOURS SANS FAUTE.

NOUS Y SOMMES PRESQUE. LE CHALET DES GLEIBER EST UN PEU EN DEHORS DU VILLAGE, SUR LA HAUTEUR. LA Z.A. EST ENREGISTRÉE À VADUZ, MAIS ERNST GARDE TOUS LES DOSSIERS CHEZ LUI.

VOUS AVEZ RÉELLEMENT VÉCU DANS CE... DANS CET ENDROIT, M. WINCH ?

J'Y AI PASSÉ LES ANNÉES LES PLUS HEUREUSES DE MA VIE, M. COCHRANE.

PHOUUUU... J'AI UNE DE CES BARRES, MOI ! C'EST CE FICHU CHAMPAGNE.

MAIS NON, MA COCOTTE, C'EST LE DÉCALAGE HORAIRE. TOUT À L'HEURE, JE TE FERAI UN PETIT TRAITEMENT QUI TE REMETTRA EN SELLE, TU VERRAS.

NOUS Y SOMMES. TIENS, QU'EST-CE QUE C'EST QUE ÇA ?

TON TONTON S'EST PEUT-ÊTRE OFFERT UNE PETITE FOLIE ?

PAS SON GENRE. SIMON, TU AS LE MAGNUM QUE T'A PASSÉ FREDDY ?

BIEN SÛR. MAIS TU SAIS, MOI, CE GENRE DE TRUC...

TU NE T'EN ES PAS SI MAL TIRÉ À ISTAMBUL.

ET PUIS, RIEN NE DIT QUE TU AURAS À T'EN SERVIR.

M. WINCH, SI VOUS CRAIGNEZ QUELQUE CHOSE, POURQUOI NE PAS TOUT SIMPLEMENT AVERTIR LA POLICE ?

PARCE QUE LA POLICE, ICI, C'EST DEUX BRAVES TYPES, UNE BICYCLETTE ET UN PISTOLET D'ORDONNANCE QUI N'A PLUS SERVI DEPUIS 40 ANS. RESTEZ DANS LA VOITURE AVEC MISS APPELMOND PENDANT QUE NOUS ALLONS JETER UN COUP D'ŒIL.

?

TU COUVRES CE CÔTÉ-CI, SIMON. MOI, JE VAIS ENTRER PAR L'ARRIÈRE, PAR LA REMISE.

M. WINCH ! POURRIEZ-VOUS M'EXPLIQUER CE QUE CELA SIGNIFIE ? J'AI PASSÉ L'ÂGE DE JOUER AUX COW-BOYS ET AUX INDIENS, FIGUREZ-VOUS.

OK.

FERMEZ-LA, COCHRANE ! VOUS RESTEZ DANS CETTE VOITURE JUSQU'À CE QUE JE VOUS DISE D'EN SORTIR, COMPRIS ?!

?!!

OH NON...

ONCLE ERNST... POURQUOI ?...

KRAK

HANNAH ?!?

TANTE HANNAH !!!

M. COCHRANE, M. WINCH A DIT QU'IL NE FALLAIT PAS

SACHEZ, MADEMOISELLE, QUE PERSONNE NE PEUT ME PARLER SUR CE TON.

ET SI CELA NE PLAÎT PAS À M. WINCH, TANT PIS POUR LUI.

?

32

CET HOMME EST À MOI. TÉLÉPHONE À UNE AMBULANCE ET OCCUPE-TOI DE COCHRANE, SIMON.

??

ECOUTE, WINCH, SI J'AVAIS VOULU, J'AURAIS PU TE DESCENDRE DIX FOIS.

SI TU NE L'AS PAS FAIT, C'EST QUE TU EN AVAIS REÇU L'ORDRE. MAIS POURQUOI LES AVOIR TUÉS, EUX?

JE...J'ÉTAIS PRESSÉ...JE N'AVAIS PAS LE TEMPS DE... TU SAIS CE QUE C'EST...

NON, JE NE SAIS PAS CE QUE C'EST.

C'ÉTAIT SON FUSIL. IL ME LAISSAIT LE PORTER QUAND NOUS ALLIONS À LA CHASSE.

TU...TU NE VAS PAS ME DESCENDRE, DIS?...PAS COMME ÇA?... JE N'AI PLUS D'ARME, CE SERAIT UN MEURTRE...

TKLIK

ATTENDS!
...
JE TE DIRAI TOUT... QUI EST DERRIÈRE TOUT ÇA...QUI A MONTÉ LE COUP DEPUIS ISTAMBUL ...

NON! NE FAIS PAS LE...

?!?

J'AI PRÉVENU VADUZ. ILS ENVOIENT DEUX INSPECTEURS. IL FAUDRA QUE TU VIENNES FAIRE TA DÉPOSITION, LARGO. JE...JE SUIS DÉSOLÉ, TU SAIS. POUR LES GLEIBER, JE VEUX DIRE.

MERCI, HELMUT.

32

34

MARILYN VA CONTACTER TON GROUPE ET RESTER AVEC COCHRANE JUSQU'À SON TRANSFERT À NEW YORK. ELLE EST BIEN, CETTE PETITE, DANS LE FOND.

JE N'AURAIS PAS CRU QU'ILS IRAIENT JUSQUE-LÀ, SIMON. C'EST DE MA FAUTE. J'AURAIS DÛ PRÉVOIR.

ON LE LEUR FERA PAYER, LARG', JE TE LE JURE. JE RESTERAI AVEC TOI JUSQU'À CE QUE LE SALOPARD QUI EST DERRIÈRE TOUT ÇA VOMISSE SES TRIPES EN TE SUPPLIANT DE NE PAS LE BUTER.

LE TOUT EST DE SAVOIR OÙ TROUVER LE SALOPARD EN QUESTION.

C'EST LUI QUI VIENDRA À NOUS, SIMON. IL DOIT FORCÉMENT VENIR PUISQUE C'EST L'OBJECTIF FINAL DE TOUTE LA MACHINATION QU'IL A MISE EN PLACE.

TU VEUX DIRE : À L'ENDROIT OÙ SONT CACHÉES LES FAMEUSES PARTS DE TON HOLDING ?

OUI. UN ENDROIT IDÉAL POUR L'HEURE DE VÉRITÉ PUISQU'IL S'AGIT D'UNE ÎLE. UNE ÎLE DE L'ADRIATIQUE APPELÉE...

SARJEVANE !

ELLE EST VRAIMENT À VOUS, MONSIEUR ?

JE L'AI REÇUE DU MARÉCHAL TITO EN PERSONNE, EN ÉCHANGE DE QUELQUES ...HUM...MENUS SERVICES QUE JE LUI AVAIS RENDUS. ELLE A LE GRAND AVANTAGE D'ÊTRE À L'ÉCART DES ROUTES MARITIMES ET DE NE FIGURER DANS AUCUN GUIDE NI BROCHURE TOURISTIQUE.

THE FLYING DOG

MAIS COMMENT FAIT-ON POUR Y ABORDER ? LA FALAISE SEMBLE À PIC SUR TOUT LE POURTOUR.

ELLE L'EST. VIRGIL, PASSEZ-MOI LA BOÎTE DE TÉLÉCOMMANDE, JE VOUS PRIE.

OH!

FANTASTIQUE ! ON SE CROIRAIT DANS UN FILM DE JAMES BOND.

ÇA M'A PROBABLEMENT COÛTÉ AUSSI CHER QU'UN FILM DE JAMES BOND. MAIS LA TRANQUILLITÉ EST À CE PRIX.

FLYING DOG

PERSONNE NE SAIT QUE CETTE ÎLE M'APPARTIENT. SAUF VIRGIL. ET TOI, À PRÉSENT. MÊME JOHN SULLIVAN, MON FIDÈLE ADJOINT DEPUIS TOUJOURS, IGNORE SON EXISTENCE.

Chris-Craft

UNE PETITE COMMUNAUTÉ DE MOINES ORTHODOXES S'EST RÉFUGIÉE ICI AU XVᵉ SIÈCLE POUR FUIR LES PERSÉCUTIONS TURQUES. ILS Y ONT VÉCU PENDANT PLUS DE 400 ANS, COUPÉS DU RESTE DU MONDE. J'AI FAIT INSTALLER L'ÉLECTRICITÉ, MAIS J'AI CONSERVÉ LE PRINCIPE. À SARJEVANE, IL N'Y A NI TÉLÉPHONE, NI TÉLÉVISION, NI MÊME UN POSTE DE RADIO.

IL N'Y A QUE LE SILENCE ET LA BEAUTÉ.

34

LE PARADIS, DIS DONC. LE LAC, C'EST DE L'EAU DOUCE ?

OUI. IL EST ALIMENTÉ EN PERMANENCE PAR UNE SOURCE D'EAU POTABLE. L'ÎLE A SON ÉCOSYSTÈME PROPRE.

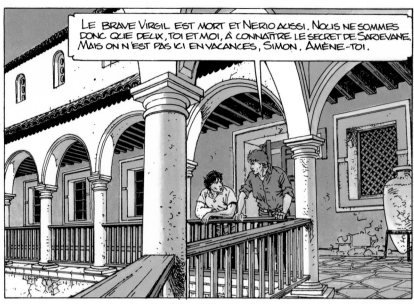

LE BRAVE VIRGIL EST MORT ET NERIO AUSSI. NOUS NE SOMMES DONC QUE DEUX, TOI ET MOI, À CONNAÎTRE LE SECRET DE SAROEVANE. MAIS ON N'EST PAS ICI EN VACANCES, SIMON. AMÈNE-TOI.

CE QUE J'APPELLE LA SALLE DE CLASSE. C'EST ICI QUE NERIO PASSAIT CHAQUE ANNÉE UN MOIS COMPLET, À L'INSU DE TOUS, À M'APPRENDRE LES ROUAGES DU GROUPE W ET LES SECRETS DE LA HAUTE FINANCE INDUSTRIELLE. C'EST DANS CETTE PIÈCE QUE JE SUIS VRAIMENT DEVENU L'"HÉRITIER".

ET C'EST AUSSI ICI QU'EN BON DESCENDANT DE PAYSANS DES MONTAGNES, IL CACHAIT SON MAGOT.

KLIK

L'ERMITE AYANT FAIT VŒU DE PAUVRETÉ DISSIMULANT DIX MILLIARDS DE DOLLARS, NERIO NE MANQUAIT PAS D'HUMOUR, À SES HEURES.

TOUT LE GROUPE W TIENT DANS CETTE CHEMISE...

SINCÈREMENT DÉSOLÉ, LARGO !

??

OH NON, SIMON PAS **TOI**?!?...

POSE ÇA SUR LA TABLE, LARGO. ET NE ME FORCE PAS À TIRER, **S'IL TE PLAÎT.**

COMMENT AS-TU PU?...

PAR AMOUR POUR SA CHÈRE VIEILLE MAMAN, M. WINCH.

SA BRAVE FEMME DE MÈRE DONT LA VIE DÉPEND DE LA DOCILITÉ D'OVRONNAZ À EXÉCUTER MES ORDRES. NOUS SOMMES EN PLEIN MÉLO, COMME VOUS LE VOYEZ.

CARDIGNAC!

C'ÉTAIT DONC VOUS! DOMMAGE, J'AURAIS PRÉFÉRÉ QUELQU'UN D'AUTRE.

VOUS M'ÉTIEZ ÉGALEMENT SYMPATHIQUE, WINCH. SINCÈREMENT. MAIS LES CARTES ÉTAIENT DÉJÀ DONNÉES AVANT QUE NOUS NOUS RENCONTRIONS. QUE VOULEZ-VOUS? LA VIE EST PARFOIS MAL FAITE.

JE VOUS SIGNALE À TOUT HASARD QUE, OUTRE VOTRE EX-AMI ICI PRÉSENT, J'AI CINQ HOMMES À L'EXTÉRIEUR QUI ME SONT TOUT DÉVOUÉS, AU CAS OÙ VOUS PENSERIEZ JOUER AU PETIT HÉROS.

QUAND AVEZ-VOUS COMMENCÉ À MANIGANCER TOUT ÇA, CARDIGNAC?

EN APPRENANT TOUT À FAIT INCIDEMMENT VOTRE EXISTENCE, MON CHER. L'ÉPOUSE D'UN HAUT FONCTIONNAIRE DU STATE DEPARTMENT AVEC QUI J'AI... ENFIN, BREF. J'AI EU ALORS LA CURIOSITÉ DE CONSACRER UN PEU DE TEMPS ET D'ARGENT À RECONSTITUER LE PLAN DE SUCCESSION DE VOTRE CHER PAPA ADOPTIF.

CONNAISSANT L'EXISTENCE DE VOTRE ANSTALT, J'AI PU DÉCOUVRIR CELLE DES GLEIBER ET DES FAMEUSES PARTS DE FONDATEUR ENDOSSÉES EN BLANC. C'EST LÀ OÙ MON PROJET A COMMENCÉ À PRENDRE CORPS. IL ME FALLAIT DÉCOUVRIR OÙ CES PARTS ÉTAIENT CACHÉES.

J'AURAIS PU, BIEN SÛR, ME CONTENTER DE VOUS FAIRE SUIVRE. MAIS IL Y AVAIT LE RISQUE QUE VOUS VOUS EN APERCEVIEZ. D'AUTRE PART, CELA LAISSAIT LE TEMPS D'INSCRIRE VOTRE NOM SUR CES DOCUMENTS ET DE LES CACHER AILLEURS. IL FALLAIT DONC QUE J'ARRIVE À LA CACHETTE **AVANT** VOUS ET C'EST LÀ OÙ NOTRE AMI SIMON ENTRE EN SCÈNE.

MAIS L'HEURE AVANCE ET JE NE VOIS PAS POURQUOI JE PERDRAIS MON TEMPS À ...

AH NON, ESPÈCE D'ORDURE ! CETTE EXPLICATION-LÀ, VOUS ME LA DEVEZ. JE **VEUX** QUE LARGO SACHE.

VOUS ÊTES UN SOLITAIRE, WINCH. BEAUCOUP DE COPAINS DE PAR LE MONDE, MAIS À PART LES GLEIBER, PAS UN SEUL AMI VÉRITABLE. J'AI DONC EU L'IDÉE DE VOUS EN FABRIQUER UN. UN AMI QUI SERAIT À MA SOLDE BIEN ENTENDU. UN DE MES AGENTS M'A SIGNALÉ OVRONNAZ, QUI CORRESPONDAIT PARFAITEMENT AU PROFIL SOUHAITÉ.

SOIT. LA PREMIÈRE RÈGLE QUAND ON JOUE AUX ÉCHECS, C'EST D'APPRENDRE À CONNAÎTRE LA PSYCHOLOGIE DE L'ADVERSAIRE. J'AI DONC CONSACRÉ BEAUCOUP D'ARGENT À LOCALISER UN CERTAIN LARGO WINCZLAV ET À LE FAIRE OBSERVER PENDANT PLUS D'UN AN.

EN DÉPIT DE SON "MÉTIER", C'EST UN GARÇON SINCÈRE ET GÉNÉREUX, DONT LE CÔTÉ MARGINAL ET TÊTE BRÛLÉE NE POUVAIT QUE VOUS SÉDUIRE. TROUVER UN MOYEN DE PRESSION SUR LUI A ÉTÉ FACILE : IL NOUS A SUFFI DE NOUS ASSURER DE LA PERSONNE DE SA MÈRE, LA BRAVE FERMIÈRE DU VALAIS. SOUS SES DEHORS AFFRANCHIS NOTRE AMI EST UN GRAND SENTIMENTAL.

RESTAIT LE PLUS DIFFICILE : EN FAIRE VOTRE AMI. UN VRAI AMI, CELUI AVEC QUI ON PARTAGE TOUT, MÊME SES SECRETS. OR, RIEN DE TEL POUR CELA QU'UNE SORTE "D'ÉPREUVE DE GUERRE" AFFRONTÉE ENSEMBLE. CE RIT SELIMIYE. AVEC POUR VOUS UNE INCULPATION SUFFISAMMENT GRAVE POUR VOUS INCITER À VOUS ÉVADER. ET POUR SIMON, LA MISSION D'ORGANISER CETTE ÉVASION.

TOUT CELA NE S'EST ÉVIDEMMENT PAS ARRANGÉ SANS DE LARGES POTS-DE-VIN, NOTAMMENT AU DIRECTEUR ET AU GARDIEN-CHEF DE LA PRISON. MAIS CE QUI N'ÉTAIT PAS PRÉVU, C'ÉTAIT QUE **VOUS** PRENDRIEZ L'INITIATIVE DE VOTRE ÉVASION. LÀ, J'AVOUE QUE VOUS M'AVEZ ÉPATÉ, WINCH. MAIS LE RÉSULTAT A ÉTÉ LE MÊME ET, COMME JE L'ESPÉRAIS, VOUS AVEZ EMMENÉ OVRONNAZ AVEC VOUS À NEW YORK, D'OÙ IL A PU ME FAIRE SON RAPPORT.

SIMON VOUS CONNAISSAIT !?

BIEN SÛR QUE NON. SON CONTACT ÉTAIT HOBBART, MON HOMME DE CONFIANCE POUR TOUTE CETTE OPÉRATION.

HOBBART ?

L'HOMME QUE VOUS AVEZ TUÉ AU LIECHTENSTEIN, WINCH. HEUREUSEMENT, JE N'AVAIS PLUS BESOIN DE LUI. ET IL N'A PAS EU LE TEMPS DE PARLER, SINON VOUS NE SERIEZ PAS ICI.

POURQUOI LES GLEIBER, CARDIGNAC? POURQUOI CE MEURTRE GRATUIT?

GRATUIT? ALLONS DONC! TOUJOURS LA PSYCHOLOGIE DU "KRIEGSPIEL", MON CHER. MEURTRE ÉGALE DANGER, DONC POUR VOUS LA NÉCESSITÉ D'EMMENER OVRONNAZ, VOTRE PLUS FIDÈLE AMI, AVEC VOUS À LA CACHETTE DES PARTS DE LA Z.A. ET SURTOUT, DE LUI DIRE AVANT **OÙ** VOUS COMPTIEZ L'EMMENER. IL N'A PLUS EU QU'À TÉLÉPHONER À UN CERTAIN NUMÉRO À ZÜRICH POUR QUE JE ME FASSE DÉPOSER ICI EN HÉLICOPTÈRE AVEC MES HOMMES AFIN DE VOUS ATTENDRE.

ET NÉRIO? LUI AUSSI, VOUS L'AVEZ ASSASSINÉ?

JE L'AI TUÉ, C'EST VRAI *. MAIS JE NE L'AI PAS ASSASSINÉ. AUSSI INVRAISEMBLABLE QUE CELA VOUS PARAISSE, IL A **VOULU** QUE JE LE TUE. SON CANCER DU CERVEAU ALLAIT ATTEINDRE SA PHASE TERMINALE. IL VOULAIT MOURIR AVANT.

* VOIR L'ÉPISODE PRÉCÉDENT.

... PUISQUE JE SERAI ALORS LE MAÎTRE DU GROUPE W. BON, ASSEZ PARLÉ. FINISSONS-EN, OVRONNAZ: DESCENDS-LE!

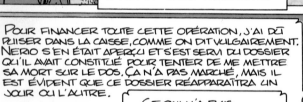

POUR FINANCER TOUTE CETTE OPÉRATION, J'AI DÛ PUISER DANS LA CAISSE, COMME ON DIT VULGAIREMENT. NÉRIO S'EN ÉTAIT APERÇU ET S'EST SERVI DU DOSSIER QU'IL AVAIT CONSTITUÉ POUR TENTER DE ME METTRE SA MORT SUR LE DOS. ÇA N'A PAS MARCHÉ, MAIS IL EST ÉVIDENT QUE CE DOSSIER RÉAPPARAÎTRA UN JOUR OU L'AUTRE.

CE QUI N'A PLUS BEAUCOUP D'IMPORTANCE ...

QUOI?

HÉ LÀ, DOUCEMENT, CARDIGNAC! ÇA NE FAIT PAS PARTIE DE NOS CONVENTIONS, ÇA. SI VOUS CROYEZ QUE JE VAIS ...

41

IL NE REMONTE PAS. ON A DÛ LE TOUCHER.

CE SERAIT TROP BEAU. LUIGI, TU FAIS LE TOUR DU LAC AVEC FRED. WALTER, TU RESTES ICI. ET MÉFIEZ-VOUS : IL N'A PAS D'ARME À FEU, MAIS IL CONNAÎT BIEN L'ÎLE ET IL EST DANGEREUX.

KURT, TU DESCENDS AVEC OVRONNAZ GARDER LE BATEAU. C'EST LE SEUL MOYEN DE QUITTER L'ÎLE, ET WINCH LE SAIT AUSSI BIEN QUE NOUS.

D'ACCORD.

PROFITES-EN POUR LIQUIDER LE SUISSE. NOUS N'AVONS PLUS BESOIN DE LUI ET IL RISQUE DE DEVENIR GÊNANT.

CIGARETTE ?

DANGEREUX OU PAS, SANS FLINGUE, IL A PAS UNE CHANCE, CE PAUVRE MEC. MAIS FAIS GAFFE À SON...

FRED ?

FRED, FAIS PAS L'IDIOT. OÙ TU ES ? FRED ?...

PORCA MISERIA, LE PIÈGE À CON ! VITE, ME TIRER D'ICI AVANT QUE...

QU'EST-CE QUE C'ÉTAIT, WALTER ? ILS L'ONT RETROUVÉ ?

?!?

LUIGI !?...
FRED !?...

PAS DE RÉPONSE...
EST-CE QUE EUX
AUSSI SERAIENT ?
...

IL EST LÀ ! JE SENS
QU'IL EST LÀ, LE
FUMIER ! IL M'ÉPIE...
IL S'AMUSE...

FERMÉE ! ELLE...
ELLE EST REFERMÉE
DE L'INTÉRIEUR
!

MAIS SI TU CROIS QUE
JE VAIS PERDRE LES
PÉDALES, TU TE GOURES
JOLIMENT, M. WINCH.
IL Y A SÛREMENT UN
ESCALIER QUI MÈNE
À CETTE GROTTE...

C'EST SÛREMENT ÇA.
SANS BATEAU NI
TÉLÉPHONE, IL
RESTERA COINCÉ
ICI.

JE REVIENDRAI AVEC
UN BATAILLON S'IL LE
FAUT, MAIS JE L'AURAI,
CE SALOPARD !
JE L'AURAI !

KURT, METS LE BATEAU EN
ROUTE ! QUELQUE CHOSE A FOIRÉ
LÀ-HAUT, ON SE TIRE !

THE
FLYING DOG

FLYING DOG

IL N'Y A PAS QU'EN HAUT
QUE ÇA A FOIRÉ, CARDIGNAC.
POUR VOUS, EN TOUT CAS.

42

VOUS NE DEVEZ PLUS COMPTER SUR VOS HOMMES, CARDIGNAC. SUR AUCUN D'ENTRE EUX. LA PARTIE EST TERMINÉE, ET VOUS L'AVEZ PERDUE.

PAS ENCORE WINCH! AD...

BANG

TU AVAIS RAISON, LARG': JE COMMENCE À M'Y FAIRE À CET ENGIN.

OG

TU ME PAIERAS ÇA, OVRONNAZ. N'ESPÈRE PAS REVOIR TA MÈRE VIVANTE.

ÇA FAIT UN MOMENT QUE JE NE L'ESPÈRE PLUS. KURT ET SES TRUANDS L'ONT TUÉE LE LENDEMAIN DE SON ENLÈVEMENT. TU M'AS FAIT CHANTER AVEC UNE MORTE, ESPÈCE DE POURRITURE!

TU... IL SAVAIT!? MAIS ALORS COMMENT? ...

VOTRE PLAN A FONCTIONNÉ ENCORE MIEUX QUE VOUS NE L'AVIEZ PRÉVU, CARDIGNAC. DÈS NOTRE ARRIVÉE À NEW YORK, SIMON M'A TOUT AVOUÉ.

L'AVANTAGE D'ÊTRE RICHE, C'EST DE POUVOIR FAIRE LES CHOSES VITE ET EN GRAND QUAND IL LE FAUT. J'AI MIS DES DIZAINES D'ENQUÊTEURS SUR CETTE AFFAIRE. ILS ONT ASSEZ RAPIDEMENT DÉCOUVERT L'ENDROIT OÙ VOS HOMMES AVAIENT DISSIMULÉ LE CORPS DE MARIE OVRONNAZ.

ILS L'AVAIENT TORTURÉE, CARDIGNAC. PAR PURE CRUAUTÉ GRATUITE. À MOINS QUE CELA N'AIT AUSSI FAIT PARTIE DE VOTRE "PSYCHOLOGIE DU KRIEGSPIEL"?

SI VOUS AVIEZ DÉCOUVERT CELA, POURQUOI TOUTE CETTE COMÉDIE, WINCH? POURQUOI ÊTES-VOUS VENU ICI MALGRÉ TOUT, SEUL AVEC OVRONNAZ?

C'ÉTAIT LE SEUL MOYEN DE DÉCOUVRIR À COUP SÛR QUI ÉTAIT DERRIÈRE TOUT ÇA. EN JOUANT LE JEU JUSQU'AU BOUT, VOTRE JEU, CARDIGNAC. MAIS AVEC NOS CARTES.

À TON AVIS?

VOUS ALLEZ ME TUER?

IL Y A LA MÈRE DE SIMON, CARDIGNAC. IL Y A ERNST ET HANNAH GLEIBER. IL Y A UNE FILLE QUE VOUS NE CONNAISSEZ PAS ET QUI S'APPELAIT SUE ANN. IL Y A UN VIEUX PRÊTEUR SUR GAGES D'ISTAMBUL. IL Y A NERIO WINCH. SIX MORTS POUR UN JURY. ET CE JURY VOUS A CONDAMNÉ.

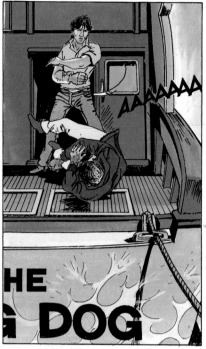

AAAAAAA

HE
G DOG

LA MOITIÉ DES PARTS POUR VOUS, OVRONNAZ... CINQ MILLIARDS DE DOLLARS... MILLE FOIS PLUS QU'UNE FORTUNE...

UN PEU TARD POUR TE MONTRER GÉNÉREUX, FUMIER! À L'HEURE ACTUELLE, TA VIE NE VAUT PLUS UN SOU.

WINCH, NON, NE ME LAISSEZ PAS AVEC LUI...JE VOUS EN SUPPLIE...

THE
FLYING DOG

JE SUPPOSE QUE TU ES CONTENT DE TOI?

TU DISPARAIS PENDANT DEUX ANS SANS QUE PERSONNE, MÊME MOI, SACHE OÙ TU TE TROUVES, ET TU REVIENS ICI POUR M'ANNONCER FROIDEMENT QUE TU **REFUSES** DE ME SUCCÉDER!? QU'EST-CE QUE ÇA SIGNIFIE, LARGO?

EXACTEMENT CE QUE LE MOT "REFUSER" VEUT DIRE, MONSIEUR : JE NE VEUX PAS ÊTRE VOTRE HÉRITIER.

RIEN QUE ÇA... AU BOUT DE TANT D'ANNÉES D'EFFORTS... EST-CE AINSI QUE TU ME REMERCIES DE TOUT CE QUE J'AI FAIT POUR TOI, MON GARÇON?

POUR **MOI**!? QU'AVEZ-VOUS JAMAIS FAIT POUR MOI, MONSIEUR, À PART ME RETIRER DE L'ORPHELINAT QUAND J'AVAIS DEUX ANS? QUEL GENRE DE PÈRE CROYEZ-VOUS AVOIR ÉTÉ?

VOUS NE M'AVEZ ADOPTÉ QUE POUR **VOUS** FABRIQUER UN HÉRITIER. POUR QUE VOTRE PRÉCIEUX GROUPE NE DISPARAISSE PAS AVEC VOUS. VOUS M'AVEZ **FORMÉ** POUR ÇA. ET **UNIQUEMENT POUR ÇA**!

VOUS NE M'AVEZ PAS SEULEMENT FAIT FAIRE DES ÉTUDES APPROFONDIES ET EXPLIQUÉ EN DÉTAIL LES MÉCANISMES DE VOS AFFAIRES. VOUS M'AVEZ APPRIS L'ART DE LA CORRUPTION ET DU CHANTAGE, LES MOYENS DE POUSSER SES CONCURRENTS À LA FAILLITE, LA MANIÈRE D'INFLÉCHIR EN SA FAVEUR LES DÉCISIONS D'UN GOUVERNEMENT. VOUS M'AVEZ OCTROYÉ ICI MÊME LE DIPLÔME LE PLUS EXCLUSIF QUI SOIT, MONSIEUR WINCH.

MAIS VOUS ÊTES-VOUS JAMAIS DEMANDÉ COMMENT **JE** RESSENTAIS LES CHOSES? QUELLE POUVAIT ÊTRE **MA** VISION DE L'EXISTENCE ET DE L'ACCOMPLISSEMENT DE SOI? NON, ÉVIDEMMENT, PUISQUE VOUS VOUS EN MOQUIEZ ÉPERDUMENT.

TU AS DIT CE QUE TU AVAIS À DIRE? PARFAIT...

TA VISION DES CHOSES; C'EST **TON** PROBLÈME, LARGO. JE NE M'EN MOQUE PAS, MAIS LA CHANCE VEUT QUE TU AIES UNE PERSONNALITÉ SUFFISAMMENT RICHE POUR TROUVER TOUT SEUL LES RÉPONSES AUX QUESTIONS QUE TU TE POSES.

CE MOMENT VIENDRA D'AILLEURS PLUS TÔT QUE TU LE PENSES, MON GARÇON. DANS UN AN TOUT AU PLUS, JE SERAI MORT.

?

TU TROUVERAS ALORS SUR TA ROUTE BIEN DES GENS PRÊTS À ALLER JUSQU'AU CRIME POUR S'APPROPRIER CE QUE JE TE LAISSERAI. TU EN TROUVERAS D'AUTRES, OU LES MÊMES, QUI CHERCHERONT À TE REPOUSSER, À SE DÉBARRASSER DE TOI. ET ÇA, JE TE CONNAIS, C'EST UN DÉFI AUQUEL TU SERAS INCAPABLE DE RÉSISTER.

TU AS LE DROIT DE ME MÉPRISER ET DE MÉPRISER CE QUE JE REPRÉSENTE, LARGO. MAIS QUOI QUE TU EN PENSES, J'AI APPRIS À BIEN TE CONNAÎTRE. TU ACCEPTERAS L'HÉRITAGE QUE JE TE LAISSE, PARCE QUE TU AIMES TE **BATTRE**!

CONSOLIDATED CAPITAL STRUCTURE

in US$ mill.

TOTAL DEBT	7,990.2		
LT DEBT	3,004.1	LT INTEREST	285.4

Leases uncapitalized - Annual Rentals   80.1
Pension Liability not available

PREFERRED STOCK   none
COMMON STOCK   510,545,455   (per value 8.25)

Marcello SCARPA   I

HOTELS
(HQ : Paris)

Emil

Waldo BUZETTI   US

TV & RA
NETWOR
(HQ : Los An

...SULLIVAN   US

EXECUTIVE MANAGEMENT
(HO:New York)

WINCHAIR AI
(HQ : Nassa

Michel C

PRESS
(HQ : New York)

MERCHANT FLEET
(HQ : Panama)

Stephen G. DUNDEE   US

Sir Basil WILLIAMS

EMPLOYEES

North America	...,317
Mid-& South America	48,645
Europe incl.East Bloc	138,020
Middle East	27,414
Far East	41,295
Australia & N.Z.	8,306
Pacific	1,911
Africa	16,772
TOTAL GROUP W	397,680